Nossa Senhora do Carmo

Elam de Almeida Pimentel

Nossa Senhora do Carmo

A Virgem do Escapulário

Novena e ladainha

EDITORA VOZES

Petrópolis

© 2023, Editora Vozes Ltda.
Rua Frei Luís, 100
25689-900 Petrópolis, RJ
www.vozes.com.br
Brasil

3ª edição, 2015.
1ª reimpressão, 2025.

Todos os direitos reservados. Nenhuma parte desta obra poderá ser reproduzida ou transmitida por qualquer forma e/ou quaisquer meios (eletrônico ou mecânico, incluindo fotocópia e gravação) ou arquivada em qualquer sistema ou banco de dados sem permissão escrita da editora.

CONSELHO EDITORIAL

Diretor
Volney J. Berkenbrock

Editores
Aline dos Santos Carneiro
Edrian Josué Pasini
Marilac Loraine Oleniki
Welder Lancieri Marchini

Conselheiros
Elói Dionísio Piva
Francisco Morás
Teobaldo Heidemann
Thiago Alexandre Hayakawa

Secretário executivo
Leonardo A.R.T. dos Santos

PRODUÇÃO EDITORIAL

Anna Catharina Miranda
Eric Parrot
Jailson Scota
Marcelo Telles
Mirela de Oliveira
Natália França
Priscilla A.F. Alves
Rafael de Oliveira
Samuel Rezende
Verônica M. Guedes

Editoração: Fernando Sergio Olivetti da Rocha
Diagramação: AG.SR Desenv. Gráfico
Capa: Omar Santos

ISBN 978-85-326-3981-3

Este livro foi composto e impresso pela Editora Vozes Ltda.

Sumário

1. Apresentação, 7
2. Histórico da devoção a Nossa Senhora do Carmo, 8
3. Novena de Nossa Senhora do Carmo, 12
   1º dia, 12
   2º dia, 13
   3º dia, 14
   4º dia, 16
   5º dia, 17
   6º dia, 19
   7º dia, 20
   8º dia, 21
   9º dia, 23
4. Orações a Nossa Senhora do Carmo, 26
5. Ladainha de Nossa Senhora do Carmo, 29

Apresentação

Nossa Senhora do Carmo é um dos títulos consagrados a Nossa Senhora, também conhecida por Nossa Senhora do Monte Carmelo ou a Virgem do Escapulário.

A devoção a Nossa Senhora do Carmo provém da Palestina e está ligada à Ordem Carmelita, cujo superior recebeu de Nossa Senhora um escapulário com a ordem de propagá-lo como um símbolo de proteção nos momentos de perigo e de também propagar a Virgem do Escapulário.

Este pequeno livro contém o surgimento da devoção, sua novena, orações, ladainha e algumas passagens bíblicas e dos evangelhos, seguidos de uma oração para o pedido da graça especial, acompanhada de um Pai-nosso, uma Ave-Maria e um Glória-ao-Pai.

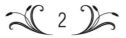

Histórico da devoção a Nossa Senhora do Carmo

No dia 16 de julho, a Igreja Católica comemora o dia de Nossa Senhora do Carmo, um título da Virgem Maria que remonta ao século XIII, quando, no Monte Carmelo, na Palestina, começou a formar-se um grupo de eremitas seguidores do Profeta Elias. Esse monte era conhecido na época como "Monte Santo", pois ali se deu o embate entre o Profeta Elias e os sacerdotes de Baal, o deus dos judeus. Javé enviou o fogo do céu, queimando os altares de Baal, erigidos sobre o Monte Carmelo.

A tradição mostrou que vários profetas prestaram o culto a Deus nesta montanha, entre eles, o Profeta Elias. E, neste local, o grupo de eremitas, seguidor de Elias, reuniu-se ao redor de uma fonte chamada "Fonte de Elias".

A tradição conta que estes eremitas construíram uma pequena capela dedicada a Nossa Senhora, que, mais tarde, seria chamada capela de Nossa Senhora do Carmelo e, com o passar dos anos, capela Nossa Senhora do Carmo.

Segundo a tradição, este grupo de eremitas, devido ao lugar onde se reunia (Monte Carmelo), passou a ser conhecido como "carmelita" e construiu um convento sob a invocação de Nossa Senhora do Carmelo. Esta agremiação religiosa, quando expulsa devido a invasões islâmicas, se retirou para a Europa sob o nome de Irmãos de Nossa Senhora do Monte Carmelo. Na Europa, a agremiação religiosa passou por muitas dificuldades e, durante suas orações, o superior da Ordem, São Simão Stock, suplicou a Nossa Senhora que enviasse um sinal de proteção. Atendendo ao pedido, Nossa Senhora enviou um escapulário para defendê-los nos momentos de perigo.

A palavra escapulário vem de *scapulas* e significa ombros. Dois pedaços de pano, um estampando a imagem de Nossa Senhora do Carmo e o outro, a do Sagrado Coração de Jesus, são unidos por um cordão. O escapulário protege quem o usa. São Simão Stock, ao receber o escapulário, recebeu também ordens de Nossa Senhora do Carmo para divulgar tal escapulário e também a Virgem do Carmelo ou Virgem do Carmo e, assim, Nossa Senhora do Carmo tornou-se também conhecida como a Virgem do Escapulário.

Conta a tradição que, entre os muitos milagres de Nossa Senhora do Carmo, ficou muito conhecido um que aconteceu em Mato Grosso, na época da Guerra do Paraguai. No Forte de Coimbra, aproximaram-se 13 navios e 3.200 homens armados para subjugar uma pequena tropa brasileira. Enquanto o comandante brasileiro reunia apressadamente os soldados, a esposa dele rezava, implorando o socorro de Nossa Senhora do Carmo. Os soldados lutavam bravamente e, num gesto decidido, a esposa do comandante ordenou a um dos soldados que subisse ao alto da muralha, expondo a imagem de Nossa Senhora do Carmo. Surpreendidos, os devotos paraguaios de Nossa Senhora do Carmo baixaram os fuzis e deram vivas a Nossa Senhora do Carmo. Durante a noite, com os inimigos em trégua, sob o efeito da aparição repentina da imagem de Nossa Senhora do Carmo na muralha, os brasileiros se retiraram, levando a bordo a imagem milagrosa, e a tropa não sofreu nenhuma perda.

Nossa Senhora do Carmo é considerada a protetora dos pescadores, marinheiros e de todas as profissões relacionadas ao mar. É representada sentada, com o Menino Jesus sobre os joelhos, entregando o escapulário a São Simão Stock, vestido com hábito de frade carmelita. Em algumas imagens, a Virgem Maria está de pé, vestida de freira carmelita, mas com os cabelos soltos, sem o véu e tem em seu braço esquerdo o Menino Jesus. Ambos seguram, com a mão direita, o escapulário com o brasão da Ordem de Monte Carmelo.

Novena de Nossa Senhora do Carmo

1º dia

Iniciemos com fé este primeiro dia de nossa novena, invocando a presença da Santíssima Trindade: em nome do Pai, do Filho e do Espírito Santo. Amém.

Leitura do Evangelho: Lc 1,43

> Donde me vem a honra que a mãe do meu Senhor venha a mim?

Reflexão

Maria, Nossa Senhora, é a Mãe de Jesus, Mãe de Deus, Mãe do Nosso Senhor. A devoção a Maria nos leva a Deus. Segundo o plano divino, em Maria, tudo se refere a Cristo e tudo depende dele. Ela derrama suas bênçãos sobre nós e fornece luz para resolver os problemas mais difíceis. Assim como Maria foi até sua prima Isabel, virá até nós, basta orarmos e invocá-la.

Oração

Nossa Senhora do Carmo, vós que, durante séculos, fostes honrada no Monte Carmelo pelo Profeta Elias e seus sucessores, fazei com que, em minha família, se tornem cada vez mais presentes os ensinamentos de vosso Filho Jesus. Ajudai-me no alcance da graça que a vós suplico... [falar a graça que se deseja alcançar].

Rezar três Ave-Marias e um Salve-Rainha.

Seja por todos bendita a Mãe de Deus, Santa Virgem do Carmelo! Sejamos por ela abençoados na terra e no céu! Amém. Nossa Senhora do Carmo, rogai por nós.

2º dia

Iniciemos com fé este segundo dia de nossa novena, invocando a presença da Santíssima Trindade: em nome do Pai, do Filho e do Espírito Santo. Amém.

Leitura do Evangelho: Jo 2,5

Sua mãe disse aos que estavam servindo: "Fazei tudo o que Ele vos disser".

Reflexão

Esta é a última palavra de Maria relatada na Bíblia. É isso que Nossa Senhora quer de nós – que escutemos Jesus e que coloquemos em prática seus ensinamentos.

Oração

Nossa Senhora do Carmo, Rainha do Carmelo, vós que consolastes tantas pessoas no Monte Carmelo, concedendo-lhes graças, ajudai-me a ficar sempre perto de vós e de vosso amado Filho. Concedei-me a graça de que neste momento tanto necessito... [falar a graça que se deseja alcançar].

Rezar três Ave-Marias e um Salve-Rainha.

Seja por todos bendita a Mãe de Deus, Santa Virgem do Carmelo! Sejamos por ela abençoados na terra e no céu! Amém. Nossa Senhora do Carmo, rogai por nós.

3º dia

Iniciemos com fé este terceiro dia de nossa novena, invocando a presença da San-

tíssima Trindade: em nome do Pai, do Filho
e do Espírito Santo. Amém.

Leitura do Evangelho: Jo 19,26-27

Vendo a mãe e, perto dela, o discípulo a quem amava, Jesus disse para a mãe: "Mulher, aí está o teu filho". Depois disse para o discípulo: "Aí está a tua mãe". E desde aquela hora o discípulo tomou-a sob os seus cuidados.

Reflexão

Nesta passagem do Evangelho, o Evangelista João menciona que, nas horas finais de Jesus, Ele apresenta sua Mãe, Maria, como Mãe de João, seu discípulo e, assim, Mãe de todos os cristãos, seguidores de seus ensinamentos. E João tomou-a sob seus cuidados. Vamos seguir o exemplo de João e permitir que ela também faça parte diariamente de nossas vidas. Através da oração, conversemos com Nossa Senhora.

Oração

Nossa Senhora do Carmo, Rainha do Carmelo, após suas aparições no Monte Carmelo, seus filhos abraçaram o Evangelho e o anunciaram a todos e a vós consagraram o primeiro templo em vossa honra. Socorrei a todos os religiosos que pregam a palavra de vosso amado Filho e socorrei-me no alcance da graça de que tanto necessito... [falar a graça que se deseja alcançar].

Rezar três Ave-Marias e um Salve-Rainha.

Seja por todos bendita a Mãe de Deus, Santa Virgem do Carmelo! Sejamos por ela abençoados na terra e no céu! Amém. Nossa Senhora do Carmo, rogai por nós.

4º dia

Iniciemos com fé este quarto dia de nossa novena, invocando a presença da Santíssima Trindade: em nome do Pai, do Filho e do Espírito Santo. Amém.

Leitura do Evangelho: Mt 17,5

[...] Ele estava ainda falando quando uma nuvem brilhante os envolveu e da nuvem se fez ouvir uma voz que dizia: "Este é o meu Filho amado, de quem eu me agrado, escutai-o".

Reflexão

"Escutai-o", este é o pedido de Deus aos apóstolos Pedro, Tiago e João. E estes acataram o pedido divino. E nós, ouvimos o chamado de Deus em nossas vidas? Rezemos a Nossa Senhora do Carmo para escutarmos seu Filho.

Oração

Nossa Senhora do Carmo, nós vos suplicamos a graça de nos ajudar a escutar Deus e viver na fidelidade de seus ensinamentos. Eu ponho em vós toda a minha confiança e espero alcançar a graça que vos peço... [falar a graça que se deseja alcançar].

Rezar três Ave-Marias e um Salve-Rainha.

Seja por todos bendita a Mãe de Deus, Santa Virgem do Carmelo! Sejamos por ela abençoados na terra e no céu! Amém. Nossa Senhora do Carmo, rogai por nós.

5º dia

Iniciemos com fé este quinto dia de nossa novena, invocando a presença da Santíssima Trindade: em nome do Pai, do Filho e do Espírito Santo. Amém.

Leitura do Evangelho: Lc 1,45

Feliz é aquela que teve fé no cumprimento do que lhe foi dito da parte do Senhor.

Reflexão

Maria, concordando com o chamado de Deus, participou de maneira muito especial em toda a humanidade. Que Nossa Senhora nos dê muita fé, que nos faça pertencer mais a Deus, porque o seu sim a Ele muito nos ajudou.

Oração

Nossa Senhora do Carmo, Mãe poderosa, vós que tendes concedido tantas graças, recorro-vos neste momento de grande aflição em minha vida... [falar a situação vivenciada e falar a graça que se deseja alcançar].

Rezar três Ave-Marias e um Salve-Rainha.

Seja por todos bendita a Mãe de Deus, Santa Virgem do Carmelo! Sejamos por ela abençoados na terra e no céu! Amém. Nossa Senhora do Carmo, rogai por nós.

6º dia

Iniciemos com fé este sexto dia de nossa novena, invocando a presença da Santíssima Trindade: em nome do Pai, do Filho e do Espírito Santo. Amém.

Leitura do Evangelho: Lc 1,48-49

> [...] porque olhou para a humildade de sua serva. Eis que de agora em diante me chamarão feliz todas as gerações, porque o Poderoso fez por mim grandes coisas [...].

Reflexão

Maria é a filha predileta do Pai, que a escolheu por mãe. Ela é "bendita" e, na sua humildade, se fez de serva por amor ao Poderoso. Peçamos a Nossa Senhora que nos ajude a não perder a humildade em qualquer situação e a reconhecer as grandes coisas que Deus fez por nós até hoje.

Oração

Nossa Senhora do Carmo, Virgem do Escapulário, vós que fizestes grandes milagres através de vosso escapulário, protegei-me nesta hora de grande aflição, alcançando-me a graça que vos peço... [falar a graça que se deseja alcançar].

Rezar três Ave-Marias e um Salve-Rainha.

Seja por todos bendita a Mãe de Deus, Santa Virgem do Carmelo! Sejamos por ela abençoados na terra e no céu! Amém. Nossa Senhora do Carmo, rogai por nós.

7º dia

Iniciemos com fé este sétimo dia de nossa novena, invocando a presença da Santíssima Trindade: em nome do Pai, do Filho e do Espírito Santo. Amém.

Leitura do Evangelho: Jo 15,4-5

Permanecei em mim e eu permanecerei em vós. O ramo não pode dar fruto por si mesmo se não permanecer na videira. Assim também vós, se não permanecerdes em mim. Eu sou a videira, vós os ramos. Quem permanece em mim, e eu nele, dá muito fruto, porque sem mim nada podeis fazer.

Reflexão

O importante na vida não é só encontrar Jesus e sim permanecer nele. E para isso é necessário seguir os preceitos divinos, colocando-os diariamente em prática. E Nossa Senhora pode nos ajudar a permanecer em Cristo, aumentando nossa fé e esperança. Oremos a ela.

Oração

Nossa Senhora do Carmo, mãe querida, ajudai-me a ficar cada vez mais perto de Deus, tendo fé, esperança e amor. Ajudai-me a confiar cada vez mais nele e em vós. Levai minha súplica a Ele, ajudando-me a alcançar a graça que suplico... [falar a graça que se deseja alcançar].

Rezar três Ave-Marias e um Salve-Rainha.

Seja por todos bendita a Mãe de Deus, Santa Virgem do Carmelo! Sejamos por ela abençoados na terra e no céu! Amém. Nossa Senhora do Carmo, rogai por nós.

8º dia

Iniciemos com fé este oitavo dia de nossa novena, invocando a presença da Santíssima Trindade: em nome do Pai, do Filho e do Espírito Santo. Amém.

Leitura bíblica: Sl 88,1-4

> Senhor, Deus da minha salvação, de dia e de noite clamo diante de ti. Chegue a tua presença minha oração, presta ouvidos ao meu clamor! Pois minha alma está saturada de desgraças, minha vida está à beira do túmulo.

Reflexão

Neste salmo, o Rei Davi ora a Deus com humildade e amor. É assim que devemos rezar, com amor, com humildade, expondo nossa vida ao Senhor. E Nossa Senhora é o exemplo de humildade e amor perante Jesus. E, através dela, podemos recuperar o sentido da fé e do amor e, como Nossa Senhora, dizer "sim" a Deus. A oração para Nossa Senhora é uma aproximação nossa com Deus; ela intercede por nós que tanto necessitamos de socorro espiritual.

Oração

Nossa Senhora do Carmo, refúgio e advogada dos pecadores, sei que posso contar convosco sempre. Ajudai-me no alcance da graça que, no momento, a vós suplico... [falar a graça que se deseja alcançar].

Rezar três Ave-Marias e um Salve-Rainha.

Seja por todos bendita a Mãe de Deus, Santa Virgem do Carmelo! Sejamos por ela abençoados na terra e no céu! Amém. Nossa Senhora do Carmo, rogai por nós.

9º dia

Iniciemos com fé este nono dia de nossa novena, invocando a presença da Santíssima Trindade: em nome do Pai, do Filho e do Espírito Santo. Amém.

Virgem do Carmo,

Séculos antes do vosso nascimento, o Profeta Elias prognosticou a vossa presença numa misteriosa nuvenzinha que apareceu no Mar do Carmelo e, em seguida, cobriu de chuva o Monte Carmelo. A vós pedimos, Virgem do Carmo, que vos digneis a atrair para nós uma chuva de graças de que tanto necessitamos...

Virgem do Carmo,
No Monte Carmelo, vários sucessores de Elias, chamados "filhos dos profetas", viveram com grande fé em vós. Fazei com que também reine em nossas famílias uma grande devoção a vós e a vosso Filho.

Virgem do Carmo,
Vós que visitastes seus devotos no Monte Carmelo, consolai-nos com vossa presença espiritual, humildes devotos vossos.

Virgem do Carmo,
Multiplicai os missionários e fazei com que eles convertam pessoas para seguirem o Evangelho de vosso amado Filho.

Virgem do Carmo,
Protegei-nos contra os inimigos do corpo e da alma.

Virgem do Carmo,
Nós vos agradecemos pelo vosso escapulário, porque todos que o usam são protegidos nos perigos. Concedei-nos a graça

de lembrarmos de usá-lo sempre com muita devoção.

Virgem do Carmo,
Eu vos agradeço por todas as graças que vier a alcançar. Em vós tenho fé e esperança. Volvei sobre mim vossa maternal proteção, alcançando-me a graça de que tanto necessito... [fazer o pedido].

Rezar três Ave-Marias e um Salve-Rainha.
Seja por todos bendita a Mãe de Deus, Santa Virgem do Carmelo! Sejamos por ela abençoados na terra e no céu! Amém. Nossa Senhora do Carmo, rogai por nós.

Orações a Nossa Senhora do Carmo

Oração 1

Ó Bendita e Imaculada Virgem Maria, honra e esplendor do Carmelo! Vós que olhais com especial bondade para quem traz o vosso bendito escapulário, olhai para mim benignamente e cobri-me com o manto de vossa maternal proteção. Fortificai minha fraqueza com vosso poder, iluminai as trevas do meu espírito com a vossa sabedoria, aumentai em mim a fé, a esperança e a caridade. Ornai minha alma com as graças e as virtudes que a tornem agradável ao vosso divino Filho. Assisti-me durante a vida, consolai-me na hora da morte com a vossa amável presença e apresentai-me à Santíssima Trindade como vosso filho e servo dedicado. E, lá no céu, eu quero louvar-vos e bendizer-vos por toda eternidade. Nossa Senhora do Carmo, rogai por nós. Amém.

3 Ave-Marias.

Oração 2

Senhora do Carmo, refúgio e advogada dos pecadores, com confiança eu me prostro diante de vós, suplicando-vos que obtenhais a graça de que tanto necessito... [falar a graça que se quer alcançar]. Em reconhecimento, prometo recorrer a vós em todas as minhas dificuldades, sofrimentos e tentações e farei tudo que ao meu alcance estiver, a fim de induzir outros a amar-vos, reverenciar-vos e invocar-vos em todas as necessidades. Agradeço-vos as graças já recebidas por vossa intercessão. Continuai a ser meu escudo nos perigos, minha guia na vida e minha consolação na hora da morte. Amém. Ó Senhora do Carmo, rogai por nós que recorremos a vós.

Oração 3

Nossa Senhora do Carmo,

Nas dificuldades, ajudai-me.

Dos inimigos, salvai-me.

Em meus desacertos, iluminai-me.

Em minhas dúvidas e penas, confortai-me.

Em minhas enfermidades, fortalecei-me.
Quando sou desprezado, animai-me.
Nas tentações, defendei-me.
Em horas difíceis, consolai-me.
Com teu coração maternal, amai-me.
Com teu imenso poder, protegei-me.
E, em teus braços, ao expirar, recebei-me.
Virgem do Carmo, rogai por nós.
Amém.

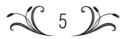

Ladainha de Nossa Senhora do Carmo

Senhor, tende piedade de nós.
Jesus Cristo, tende piedade de nós.
Senhor, tende piedade de nós.

Deus Pai Celestial, tende piedade de nós.
Deus Filho Redentor do mundo, tende piedade de nós.
Deus Espírito Santo, tende piedade de nós.
Santíssima Trindade, que sois um só Deus, tende piedade de nós.

Santa Maria, rogai por nós.
Nossa Senhora do Carmo, Mãe de Jesus, rogai por nós.

Nossa Senhora do Carmo, Senhora do Monte Carmelo, rogai por nós.

Nossa Senhora do Carmo, protetora dos pescadores, rogai por nós.

Nossa Senhora do Carmo, protetora dos marinheiros, rogai por nós.

Nossa Senhora do Carmo, mãe da misericórdia, rogai por nós.

Nossa Senhora do Carmo, mãe da esperança, rogai por nós.

Nossa Senhora do Carmo, mãe da graça, rogai por nós.

Nossa Senhora do Carmo, protetora dos carmelitas, rogai por nós.

Nossa Senhora do Carmo, Virgem do Escapulário, rogai por nós.

Nossa Senhora do Carmo, refúgio dos pecadores, rogai por nós.

Nossa Senhora do Carmo, senhora nossa, rogai por nós.

Nossa Senhora do Carmo, mãe poderosa, rogai por nós.

Nossa Senhora do Carmo, mãe Imaculada, rogai por nós.

Nossa Senhora do Carmo, mãe querida, rogai por nós.

Nossa Senhora do Carmo, mãe do céu, rogai por nós.

Nossa Senhora do Carmo, mãe piedosa, rogai por nós.

Nossa Senhora do Carmo, consolo nas tristezas, rogai por nós.

Nossa Senhora do Carmo, fortaleza nossa, rogai por nós.

Nossa Senhora do Carmo, mãe da paz, rogai por nós.

Nossa Senhora do Carmo, mãe do amparo, rogai por nós.

Nossa Senhora do Carmo, consoladora dos aflitos, rogai por nós.

Cordeiro de Deus, que tirais o pecado do mundo, perdoai-nos Senhor.

Cordeiro de Deus, que tirais o pecado do mundo, ouvi-nos, Senhor.

Cordeiro de Deus, que tirais o pecado do mundo, tende piedade de nós, Senhor.

Jesus Cristo, ouvi-nos.
Jesus Cristo, atendei-nos.

Rogai por nós, Nossa Senhora do Carmo, Rainha do Carmelo,
Para que sejamos dignos das promessas de Cristo.